四季を楽しむ 可愛いくまの刺しゅう

オルソ リカマート

産業編集センター

はじめに

ふさふさとした毛並み、コロンとしたフォルム、つぶらな瞳、人を思わせる仕草。
くまとはなんとも魅力的な動物で、世界中で愛されています。

私もそんな魅力にとりつかれた一人で、子供の頃からくまが大好きでした。
同じように絵を描くことも大好きだったので、学校の発表会でくまの紙芝居を作り、
みんなの前で発表したことを覚えています。

そんな私がふとしたきっかけで刺しゅうに出会い、オリジナルの図案を考える中で、
頭の中に浮かんできたのは、やはりくまでした。
自分の理想のくまを描きたいとの思いでたくさんのくま刺しゅうを生み出し、
より身近な存在として生活に寄り添えるように、四季を取り入れるようになりました。

この本には様々なくまが登場します。
子供の頃、いつも一緒にいてくれたくまのぬいぐるみのように
そっとそばに寄り添ってくれる、
そんなくまを見つけて、糸で描いてみてください。
あなただけの特別なくまと、出逢えますように。

オルソ リカマート

Contents

春 Spring   19

 いちご狩り

 春をお届け

 しゃぼん色のしろくま

 春がきた

 菜の花とテディベア

ガーデニング

 クリスマステディベア

 あたたかくしてね

 ホットチョコレート

 雪としろくま

 雪明りと玉雪のしろくま

 冬ごもり

 窓辺（カバー作品）　79

刺しゅうの基本　84

アレンジ　94

　ブローチ

　巾着

　ポーチ

　かべかざり

道　具

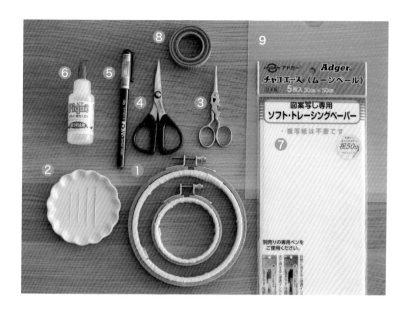

❶刺しゅう枠…刺しゅうの大きさによって枠のサイズを選びます。枠に布を巻き付けておくと、刺しゅうをする布がずれにくくなり、枠の跡も軽減されます。

❷刺しゅう針…使う糸の本数によって針の太さを選びます。この本では1本取り→No.9、2〜3本取り→No.7、4〜5本取り→No.5、6本取り・ウール糸→No.3、モール糸→シェニール針を使用しています。金糸などの固めの糸は、少し太めの針を使うと扱いやすくなります。

❸糸切ばさみ…切れ味の良いものを使いましょう。

❹そり刃ばさみ…布を傷つけず、糸だけを切りたい時に便利です。ブローチの仕立て時にも使います。

❺チャコペン…細かい図案が多いので極細タイプがおすすめです。

❻ほつれ止め液…刺しゅう糸でリボンを作る時、ブローチの仕立ての時などに使用します。

❼ソフトトレーシングペーパー…図案を写す時に使用します。

❽マスキングテープ…図案を写す時、トレーシングペーパーの固定に使います。

❾クリアファイル…図案を写す時に使用します。

材 料

基本の材料

❶布…コットンやリネンなど、仕立てるものに合わせて布を選びます。ブローチに仕立てる際は、薄手のシーチングがおすすめです。

❷接着芯…薄手のシーチングやリネンなど、よれやすい生地の裏に貼ると刺しゅうがしやすくなります。壁飾りや布小物など、大きめの図案を刺しゅうする時におすすめです。

❸糸…刺しゅう糸は25番刺しゅう糸、A.F.Eウール糸、A.F.Eモール糸、DMCライトエフェクト糸、DMCエトワール、COSMOにしきいとなど、表現によって様々な色・質の糸を使い分けます。手縫い糸はパールを縫い付けたり、ブローチや壁飾りの仕立て時に使用します。

デコレーションパーツ

❹樹脂・メタリックパール（3mm）

❺スパンコール（4mm）

❻グラスビーズ（丸小）

❼チェコビーズ（クリスタル4mm）…刺しゅうの装飾に使用します。

アップリケ刺しゅうの材料

❽布（シーチングなど）

❾両面接着芯…布の裏に両面接着芯を貼り、カットしてアップリケにします。

土台用のフェルト

❿フェルト（1mm厚）…刺しゅうを立体的に仕上げたい時に使用します。

春 Spring

いちご狩り

ステッチ…サテンS ／ロング＆ショートS ／ストレートS ／フレンチノットS ／アウトラインS
材料…COSMO 233, 254, 365, 368, 466, 653, 813 , 858, 2253 ／ DMC 844, 3722 ／ OLYMPUS 731

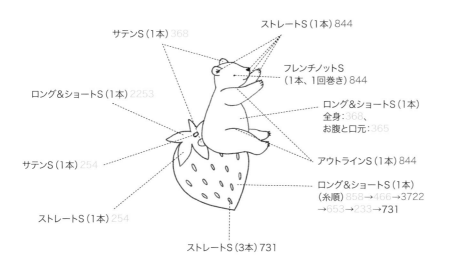

サテンS（1本）368

ストレートS（1本）844

フレンチノットS
（1本、1回巻き）844

ロング＆ショートS（1本）2253

ロング＆ショートS（1本）
全身：368、
お腹と口元：365

サテンS（1本）254

アウトラインS（1本）844

ロング＆ショートS（1本）
（糸順）858→466→3722
→653→233→731

ストレートS（1本）254

ストレートS（3本）731

凡例
ステッチ名（糸の本数）、
色番号（水色：COSMO、
　　　　ピンク：DMC、
　　　　黒：OLYMPUS）

刺し方

❶くまを刺す。毛の流れを意識しながら、手前になる部分（右足、右腕など）から刺す。全身→耳・目・鼻・口・爪・ラインの順に。

❷イチゴのヘタを刺す。
中心→全体→スジの順に。

❸いちごの実を刺す。

❹いちごのタネをチャコペンで描き写し、刺す。

❺6本1束の刺しゅう糸（COSMO813）を適量切り取り（気持ち長めだと結びやすい）、ほつれ止め液で固めてリボン結びし、同刺しゅう糸で首元に縫い付ける。縫い付けてからバランスを見て、余分な部分はカットする。

▼グラデーション用図案

▼原寸図案

しゃぼん色のしろくま

ステッチ…アウトラインS ／ストレートS ／フレンチノットS ／ロング＆ショートS
材料…COSMO 211, 212, 251, 371, 553, 662, 2251, 2662, にしきいと203 ／ DMC 3865 ／ OLYMPUS 631
ユリア樹脂パール3mm（ピンクパープル）, グラスビーズ丸小（スキクリア, スキオーロラ）, チェコビーズファイアポリッシュ 4mm
（クリスタル）, スパンコール4mm（クリア）

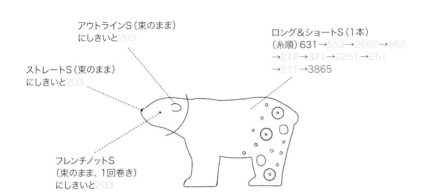

アウトラインS（束のまま）
にしきいと203

ストレートS（束のまま）
にしきいと203

フレンチノットS
（束のまま、1回巻き）
にしきいと203

ロング＆ショートS（1本）
（糸順）631→553→2662→662
→212→371→2251→251
→211→3865

凡例

ステッチ名（糸の本数）、
色番号（水色：COSMO、
　　　　ピンク：DMC、
　　　　黒：OLYMPUS）

刺し方

❶しろくま全体を刺す。

❷首に白手縫い糸でパールを一粒ずつ返し
　刺しする。

❸顔のパーツをチャコペンで描き写し、それ
　ぞれ刺す。にしきいとは、束になっている
　そのままの状態で使う。

❹スパンコール、ビーズを縫い付ける（取れ
　ないように二重に縫う）。糸はDMC3865を
　使用。スパンコールはビーズと重ねて縫う。

▼グラデーション用図案

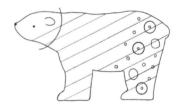

▼原寸図案

23

菜の花とテディベア

| ステッチ…芯入りサテンS／サテンS／レゼーデージー S ＋ストレートS／ストレートS／フレンチノットS／アウトラインS
材料…COSMO 364, 368, 369, 821, 2317／DMC 676／OLYMPUS 290／A.F.E 901

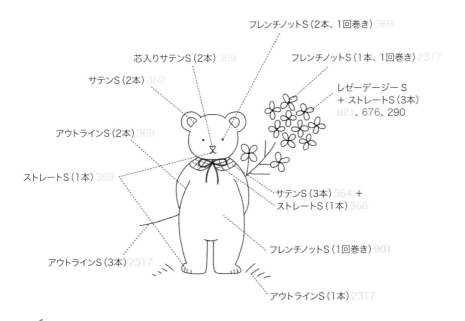

フレンチノットS（2本、1回巻き）369

芯入りサテンS（2本）369

フレンチノットS（1本、1回巻き）2317

サテンS（2本）369

レゼーデージー S
＋ ストレートS（3本）
821、676、290

アウトラインS（2本）369

ストレートS（1本）369

サテンS（3本）364 ＋
ストレートS（1本）368

アウトラインS（3本）2317

フレンチノットS（1回巻き）901

アウトラインS（1本）2317

刺し方

❶菜の花を刺す。

❷足元の草を刺す。

❸くまの耳の中、鼻、脇腹のラインを刺す。

❹くまの体を刺す。先に輪郭に沿って刺すときれい
　に仕上がる。つけ襟の下も埋めておく。

❺モール糸で埋めた体の上にチャコペンで襟の線を
　描き、モール糸を覆うように襟を刺す。

❻くまの顔全体をモール糸で刺し埋める、顔の各パー
　ツを刺す。

❼6本1束の刺しゅう糸（COSMO369）を適量切り
　取り（気持ち長めだと結びやすい）、ほつれ止め液
　で固めてリボンを結び、同刺しゅう糸で縫い付け
　る。縫い付けてからバランスを見て、余計な部分
　はカットする。

▼原寸図案

春をお届け

ステッチ…サテンS ／ロング＆ショートS ／ストレートS ／アウトラインS ／芯入りサテンS ／フレンチノットS ／バスケットフィリング／
レゼーデージー S＋ストレートS ／ストレートS＋フライS
材料…COSMO 155, 213, 306, 462, 500, 982, 2652 ／ DMC 840, 928, 3790 ／ OLYMPUS 290, 416, 485, 740

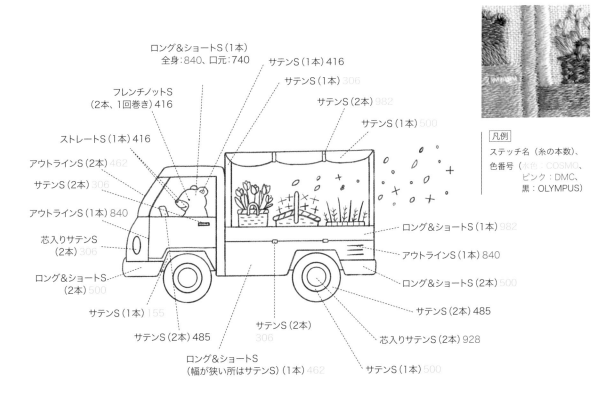

ロング&ショートS（1本）
全身：840、口元：740

サテンS（1本）416

サテンS（1本）306

サテンS（2本）982

サテンS（1本）500

フレンチノットS
（2本、1回巻き）416

ストレートS（1本）416

アウトラインS（2本）462

サテンS（2本）306

アウトラインS（1本）840

芯入りサテンS
（2本）306

ロング&ショートS
（2本）500

サテンS（1本）155

サテンS（2本）485

ロング&ショートS
（幅が狭い所はサテンS）（1本）462

サテンS（2本）
306

ロング&ショートS（1本）982

アウトラインS（1本）840

ロング&ショートS（2本）500

サテンS（2本）485

芯入りサテンS（2本）928

サテンS（1本）500

凡例
ステッチ名（糸の本数）、
色番号（水色：COSMO、
　　　　ピンク：DMC、
　　　　黒：OLYMPUS）

◁ 刺 し 方 ◁

❶トラックの各パーツを刺す。

❷くまを刺す。

❸花カゴを刺す。カゴ→花の順に。

❹舞っている花びらを刺す。

▼原寸図案

ストレートS (3本) 213

フレンチノットS
(2本、1回巻き) 290

ストレートS (3本) 213
中心:フレンチノットS
(1本、1回巻き) 500

ストレートS (3本) 2652

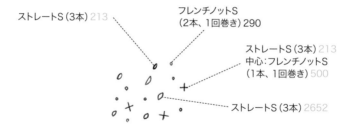

フレンチノットS
(2本、1回巻き) 290

ストレートS+フライS
(1本) 982

アウトラインS (2本) 982

サテンS (3本) 3790

ストレートS (1本) 416

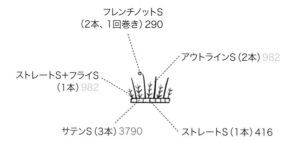

ストレートS (3本) 213
中心:フレンチノットS
(1本、1回巻き) 500

ストレートS (3本) 306

アウトラインS (3本) 306

バスケットフィリング (3本) 306

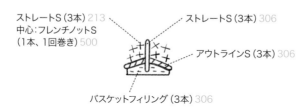

ストレートS (2本) 982

ストレートS (3本) 2652

レゼーデージー S+ストレートS
(2本) 982

アウトラインS (3本) 3790

バスケットフィリング (3本) 3790

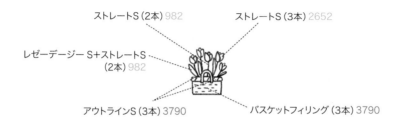

春がきた

ステッチ…サテンS ／レゼーデージー S ＋ ストレートS ／ストレートS ／アウトラインS ／フレンチノットS ／ロング＆ショートS
材料…COSMO 462, 464, 475, 553, 811, 2129 ／ DMC 451, 501, 3053, 3813 ／ OLYMPUS 416, 485, 562, 723

凡例
ステッチ名（糸の本数）、
色番号（水色：COSMO、
　　　　ピンク：DMC、
　　　　黒：OLYMPUS）

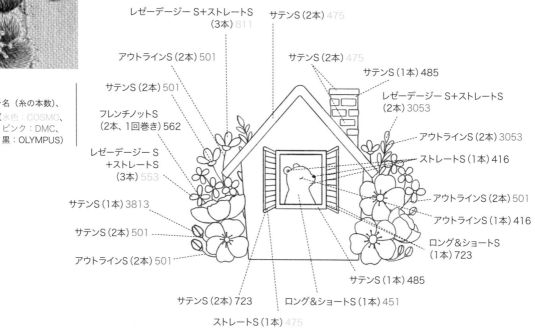

レゼーデージー S＋ストレートS
（3本）811

サテンS（2本）475

アウトラインS（2本）501

サテンS（2本）475

サテンS（1本）485

サテンS（2本）501

レゼーデージー S＋ストレートS
（2本）3053

フレンチノットS
（2本、1回巻き）562

アウトラインS（2本）3053

レゼーデージー S
＋ストレートS
（3本）553

ストレートS（1本）416

サテンS（1本）3813

アウトラインS（2本）501

サテンS（2本）501

アウトラインS（1本）416

アウトラインS（2本）501

ロング＆ショートS
（1本）723

サテンS（1本）485

サテンS（2本）723

ロング＆ショートS（1本）451

ストレートS（1本）475

▼グラデーション用図案

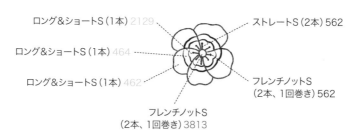

ロング＆ショートS（1本）2129

ストレートS（2本）562

ロング＆ショートS（1本）464

ロング＆ショートS（1本）462

フレンチノットS
（2本、1回巻き）562

フレンチノットS
（2本、1回巻き）3813

刺し方

❶ 窓とくま以外の図案を写し、家部分のアップリケ布を貼り付け、たてまつり縫いで縫い付ける。糸は布の色に合わせる。

❷ 窓のアップリケ布も貼り、窓全体とくまの図案を写す。

❸ 屋根と煙突を刺す。

❹ 窓とくまを刺す。窓は枠→扉の順に。

❺ 植物を刺す。手前にあるパーツから刺していくとやりやすい。

▼アップリケ用図案（原寸）

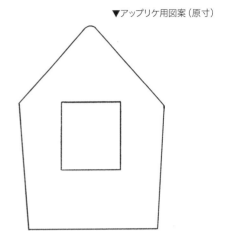

▼原寸図案

ガーデニング

ステッチ…サテンS ／ロング＆ショートS ／アウトラインS ／レゼーデージー S＋ストレートS ／ストレートS ／バックS ／
フレンチノットS ／レゼーデージー S ／チェーンS
材料…COSMO 383, 424, 734, 855 ／ DMC 612, 762, 844, 3813 ／ OLYMPUS 453

サテンS（1本）844

サテンS（1本）383

レゼーデージー S＋ストレートS
（3本）424、855

サテンS（1本）844

アウトラインS（1本）453

ロング＆ショートS
（1本）855

レゼーデージー S
＋ ストレートS
（3本）734、3813

チェーンS（2本）612

ロング＆ショートS
（1本）424

フレンチノットS
（2本、1回巻き）844

フレンチノットS
（2本、2回巻き）734

アウトラインS
（1本）855

バックS（2本）3813

レゼーデージー S
（1本）855

フレンチノットS
（3本、2回巻き）762

ストレートS（1本）855

サテンS（1本）3813

ロング＆ショートS（1本）383

ロング＆ショートS
（1本）734

サテンS
（1本）3813

アウトラインS（1本）844

フレンチノットS
（2本、1回巻き）
612、844

ロング＆ショートS
（1本）424

ストレートS（1本）844

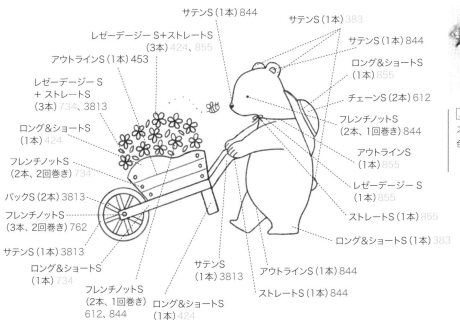

レゼーデージー S（2本）3813

フレンチノットS
（1本、1回巻き）844

サテンS（2本）612

ストレートS（1本）844

刺し方

❶帽子を刺す。

❷くまを刺す。
　耳の中→鼻→全身→目→爪→ラインの
　順に。

❸帽子の紐を刺す。

❹ワゴンを刺す。

❺花と葉っぱを刺す。

❻ハチを刺す。

▼原寸図案

33

ストレートS (2本) 424

サテンS (1本) 424

アウトラインS (2本) 424

サテンS (2本) 424

フレンチノットS
(2本、1回巻き) 762

ロング＆ショートS (1本) 734

ロング＆ショートS (1本) 424

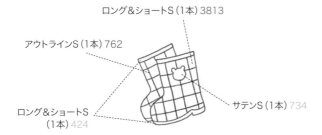

ロング＆ショートS (1本) 3813

アウトラインS (1本) 762

ロング＆ショートS
(1本) 424

サテンS (1本) 734

▼原寸図案

┌─ 刺 し 方 ＜

＜じょうろ＞
図案の指示通りに刺す。

＜長靴＞
くま→靴底と履き口→本体→模様の順に刺す。

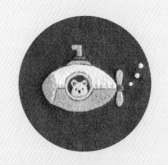

夏 Summer

サブマリン

ステッチ…サテンS ／ロング＆ショートS ／フレンチノットS ／フライS
材料…COSMO 168, 371, 564, 2172 ／ DMC 317, 3865

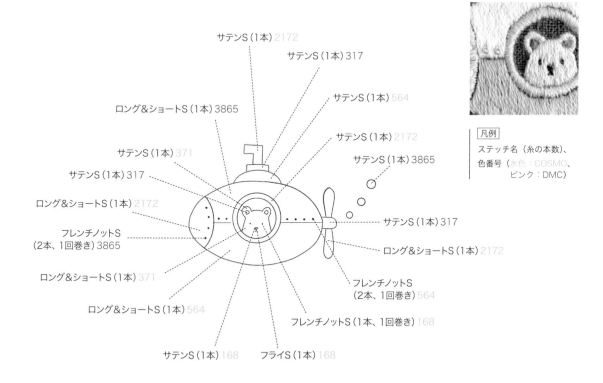

サテンS（1本）2172

サテンS（1本）317

サテンS（1本）564

ロング＆ショートS（1本）3865

サテンS（1本）2172

サテンS（1本）371

サテンS（1本）3865

サテンS（1本）317

ロング＆ショートS（1本）2172

フレンチノットS
（2本、1回巻き）3865

サテンS（1本）317

ロング＆ショートS（1本）2172

ロング＆ショートS（1本）371

ロング＆ショートS（1本）564

フレンチノットS
（2本、1回巻き）564

フレンチノットS（1本、1回巻き）168

サテンS（1本）168

フライS（1本）168

凡例
ステッチ名（糸の本数）、
色番号（水色：COSMO、
　　　　ピンク：DMC）

┃ 刺 し 方 ◁

❶ サブマリンを刺す。
　窓枠→船体→各パーツの順に。

❷ くまを刺す。
　耳の中→全身→耳→目・鼻・口の順に。

▼原寸図案

マリンテディベア

ステッチ…サテンS ／フレンチノットS ／芯入りサテンS ／アウトラインS ／ロング＆ショートS ／ストレートS
材料…COSMO 662, 772, 855 ／ DMC 3865 ／ OLYMPUS 334 ／ A.F.E 105, 418

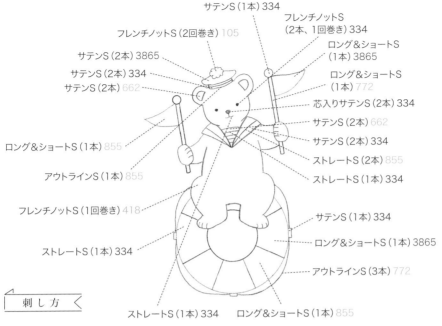

サテンS（1本）334
フレンチノットS（2本、1回巻き）334
フレンチノットS（2回巻き）105
ロング＆ショートS（1本）3865
サテンS（2本）3865
ロング＆ショートS（1本）772
サテンS（2本）334
芯入りサテンS（2本）334
サテンS（2本）662
サテンS（2本）662
サテンS（2本）334
ロング＆ショートS（1本）855
ストレートS（2本）855
アウトラインS（1本）855
ストレートS（1本）334
フレンチノットS（1回巻き）418
サテンS（1本）334
ストレートS（1本）334
ロング＆ショートS（1本）3865
アウトラインS（3本）772
ストレートS（1本）334
ロング＆ショートS（1本）855

刺し方

❶フラッグを刺す。

❷内襟を刺す。

❸耳の中、鼻を刺す。

❹うきわを刺す。
　面を埋めるときは内側から外側に向かって刺すと
　刺しやすい。

❺帽子を刺す。
　青い部分→赤いライン→白い部分→ポンポンの順。

❻体をモール糸を刺して埋める。
　先に輪郭に沿って刺しておくと、きれいなフォル
　ムになる。

❼手足の爪を刺す。

❽セーラー襟を刺す。
　モール糸を覆うようにして、はみ出ている毛を押
　し込みながら隙間なく埋める。

❾顔をモール糸で刺し、目と口を刺す。

▼原寸図案

星のブルーベリータルト

ステッチ…ストレートS ／サテンS ／アウトラインS ／フレンチノットS ／ロング＆ショートS ／ストレートS ＋ フライS
材料…COSMO 173, 261, 526, 733, 2167, 2500 ／ DMC 928 ／ OLYMPUS 520

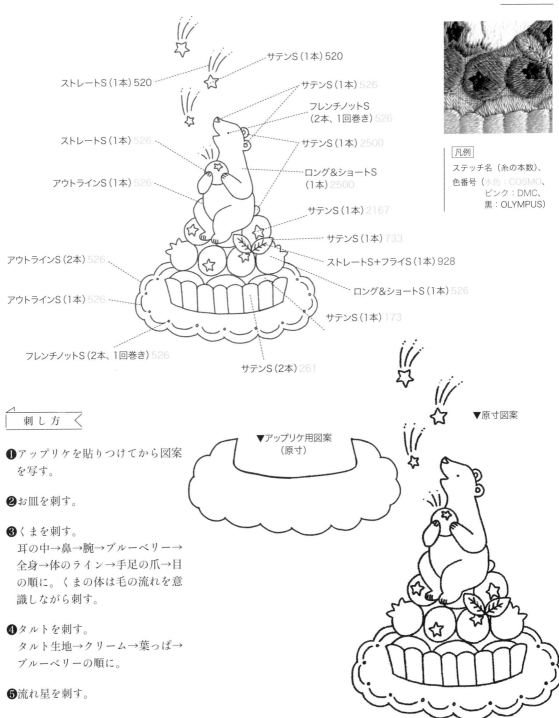

サテンS（1本）520

ストレートS（1本）520

サテンS（1本）526

フレンチノットS
（2本、1回巻き）526

ストレートS（1本）526

サテンS（1本）2500

アウトラインS（1本）526

ロング＆ショートS
（1本）2500

サテンS（1本）2167

サテンS（1本）733

アウトラインS（2本）526

ストレートS＋フライS（1本）928

アウトラインS（1本）526

ロング＆ショートS（1本）526

サテンS（1本）173

フレンチノットS（2本、1回巻き）526

サテンS（2本）261

凡例
ステッチ名（糸の本数）、
色番号（水色：COSMO、
ピンク：DMC、
黒：OLYMPUS）

| 刺 し 方 |

❶アップリケを貼りつけてから図案
を写す。

❷お皿を刺す。

❸くまを刺す。
　耳の中→鼻→腕→ブルーベリー→
　全身→体のライン→手足の爪→目
　の順に。くまの体は毛の流れを意
　識しながら刺す。

❹タルトを刺す。
　タルト生地→クリーム→葉っぱ→
　ブルーベリーの順に。

❺流れ星を刺す。

▼アップリケ用図案
（原寸）

▼原寸図案

青空と入道雲のしろくま

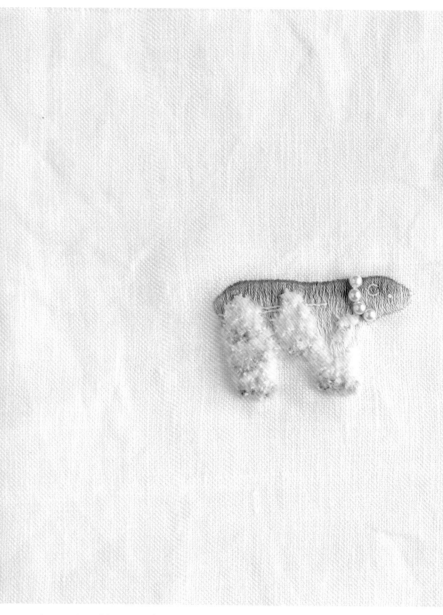

ステッチ…アウトラインS ／ストレートS ／フレンチノットS ／ロング＆ショートS
材料…COSMO 164, 252, 2017, 2211, 2251 ／ OLYMPUS 850 ／ A.F.E 207, 412, 419
樹脂パール3mm（スカイブルー）

アウトラインS（1本）850

ストレートS（1本）850

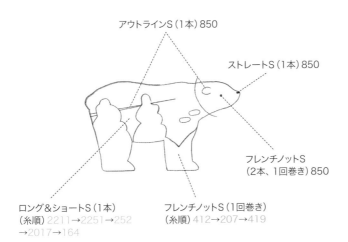

フレンチノットS
（2本、1回巻き）850

ロング＆ショートS（1本）
（糸順）2211→2251→252
→2017→164

フレンチノットS（1回巻き）
（糸順）412→207→419

凡例
ステッチ名（糸の本数）、
色番号（水色：COSMO、
　　　　　黒：OLYMPUS、
　　　　　緑：A.F.E）

▼グラデーション用図案

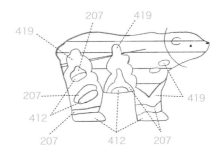

207　419

419

207

412

207

412　207

419

刺 し 方

❶雲の部分をよけて、空をグラデーションに刺す。

❷ひこうき雲を刺す。

❸首にパールを一粒ずつ返し刺しする。

❹顔のパーツをチャコペンで描き写し、それぞれ刺す。

❺雲をモール糸で刺す。

▼原寸図案

桃色に染まるくま

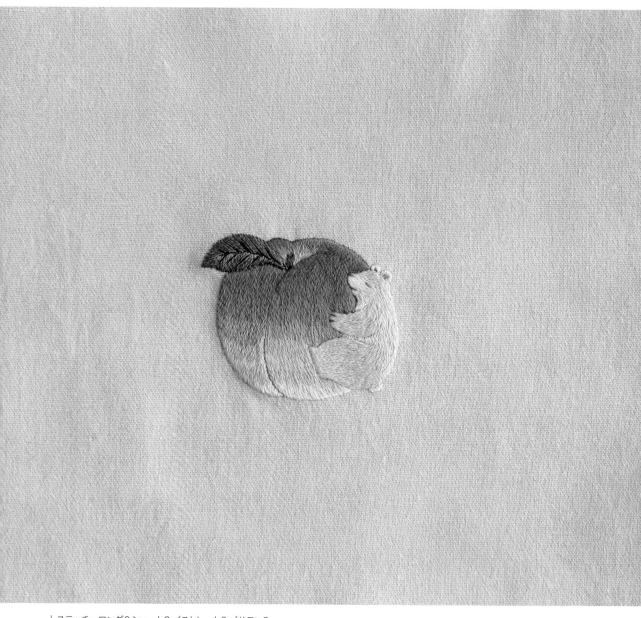

ステッチ…ロング＆ショートS ／ストレートS ／サテンS
材料…COSMO 369, 424, 461, 572, 852, 853, 854, 984, 2535 ／ DMC 225 ／ OLYMPUS 100, 144

凡例

ステッチ名（糸の本数）、
色番号（水色：COSMO、
　　　　ピンク：DMC、
　　　　黒：OLYMPUS）

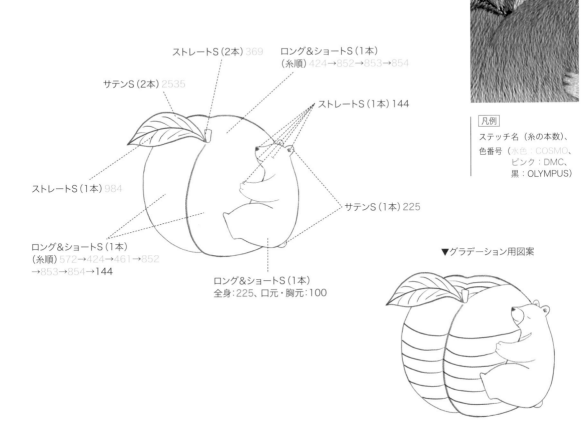

ストレートS（2本）369

サテンS（2本）2535

ロング&ショートS（1本）
（糸順）424→852→853→854

ストレートS（1本）144

ストレートS（1本）984

サテンS（1本）225

ロング&ショートS（1本）
（糸順）572→424→461→852
→853→854→144

ロング&ショートS（1本）
全身：225、口元・胸元：100

▼グラデーション用図案

▼原寸図案

⊐ 刺 し 方 ⊏

❶ヘタ、葉っぱを刺す。
　葉っぱは全体をサテンSで埋めてからチャコペンで
　葉脈を描き、その上を刺す。

❷くまを刺す。

❸桃を刺す。
　右側→上→左側の順にグラデーションをいれる。

※糸の向きで境界線を表現するので、写真をよく見
　て向きに気を付けましょう。

45

夜空のアイスキャンディ

ステッチ…フレンチノットS ／ストレートS ／ロング＆ショートS ／サテンS ／バックS
材料…COSMO 168, 169, 367, 526, 662, 663, 730, 734, 2167, 2214, 2500, 2662 ／ DMC ライトエフェクト糸E746, エトワールblanc ／
　　 OLYMPUS 334

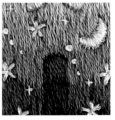

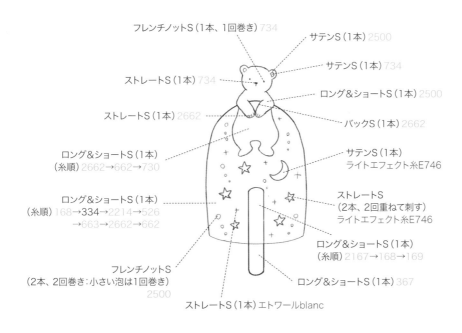

フレンチノットS（1本、1回巻き）734

サテンS（1本）2500

サテンS（1本）734

ストレートS（1本）734

ロング＆ショートS（1本）2500

ストレートS（1本）2662

バックS（1本）2662

ロング＆ショートS（1本）
（糸順）2662→662→730

サテンS（1本）
ライトエフェクト糸E746

ロング＆ショートS（1本）
（糸順）168→334→2214→526
　　　→663→2662→662

ストレートS
（2本、2回重ねて刺す）
ライトエフェクト糸E746

ロング＆ショートS（1本）
（糸順）2167→168→169

フレンチノットS
（2本、2回巻き：小さい泡は1回巻き）
2500

ロング＆ショートS（1本）367

ストレートS（1本）エトワールblanc

▼グラデーション用図案

▼原寸図案

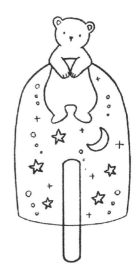

刺し方

❶月と星を刺す。
　ライトエフェクト糸は1本を半分
　に割いて使う。

❷棒を刺す。

❸くまを刺す。
　耳の中→くま（アイスから出てい
　る部分）→くま（アイスの中の部
　分）→耳・鼻・目の順に。

❹アイスを刺す。

❺腕のラインと爪を刺す。

❻アイスの中の泡とキラキラを刺す。

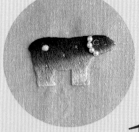

秋 Autumn

くまかぼちゃ

ステッチ…サテンS／ストレートS／チェーンS／フレンチノットS／ロング＆ショートS／レゼーデージーS+ストレートS／アウトラインS
材料…COSMO 369, 702, 984, 858, 2129, 2535／DMC 502／OLYMPUS 204, 731／A.F.E モール糸903

サテンS（1本）984

サテンS（1本）731

サテンS（1本）502

サテンS（1本）702

フレンチノットS（2本、1回巻き）984

ロング＆ショートS（1本）702

サテンS（1本）984

ロング＆ショートS（1本）702

サテンS（1本）731

ストレートS
（1本）モール糸903

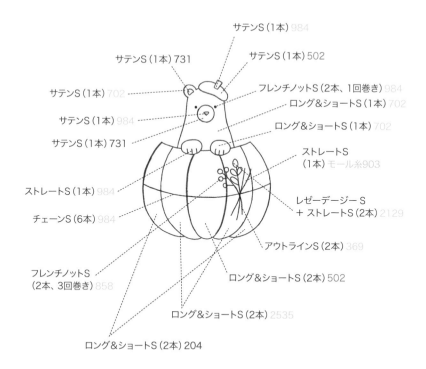

ストレートS（1本）984

レゼーデージー S
＋ ストレートS（2本）2129

チェーンS（6本）984

アウトラインS（2本）369

フレンチノットS
（2本、3回巻き）858

ロング＆ショートS（2本）502

ロング＆ショートS（2本）2535

ロング＆ショートS（2本）204

凡例
ステッチ名（糸の本数）、
色番号（水色：COSMO、
　　　　ピンク：DMC、
　　　　黒：OLYMPUS、
　　　　緑：A.F.E）

刺し方

❶くまの手を刺す。
中にフェルトの土台をしつけ縫いし、
フェルトを覆うように手を刺す。

❷帽子、かぼちゃを刺す。

❸くまを刺す。
耳の中→鼻→鼻の周り→耳→全身→
目→爪の順に。

❹紐・植物を刺す。
茎を刺してから、実や葉っぱを刺す。

▼原寸図案

ブルーアワーのしろくま

ステッチ…アウトラインS／ストレートS／芯入りサテンS／フレンチノットS／ロング＆ショートS
材料…COSMO 164, 165A, 166, 167,168, 233, 261, 552, 2662／DMC 803, ライトエフェクト糸E3747
樹脂パール3mm（スカイブルー）

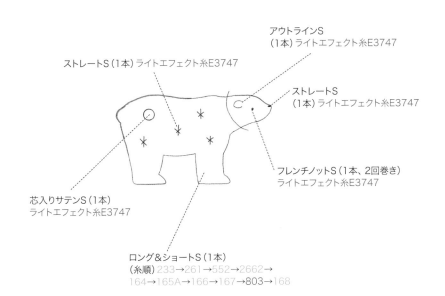

アウトラインS
(1本) ライトエフェクト糸E3747

ストレートS (1本) ライトエフェクト糸E3747

ストレートS
(1本) ライトエフェクト糸E3747

芯入りサテンS (1本)
ライトエフェクト糸E3747

フレンチノットS (1本、2回巻き)
ライトエフェクト糸E3747

ロング&ショートS (1本)
(糸順) 233→261→552→2662→
164→165A→166→167→803→168

凡例

ステッチ名（糸の本数）、
色番号（水色：COSMO、
　　　　ピンク：DMC）

```
｜刺し方〈
```

❶月を刺す。
　ライトエフェクト糸は1本を半分
　に割って使う。

❷くまを刺す。
　全身にグラデーションを入れてか
　ら、顔のパーツをチャコペンで描
　き写し、刺す。

❸チャコペンで星を描き写し、刺す。

❹パールを白手縫い糸で一粒ずつ返
　し刺しする。

▼グラデーション用図案

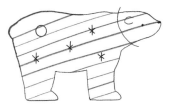

▼原寸図案

紅葉するくま

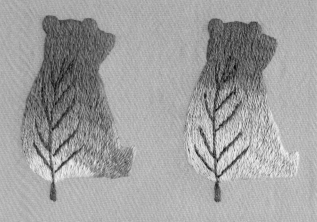

ステッチ…ロング＆ショートS ／アウトラインS ／サテンS
材料…COSMO 118, 308, 325A, 465, 466, 673, 772, 774, 823, 857, 2129 ／ OLYMPUS 714, 784, 785

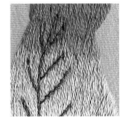

ロング＆ショートS（1本）
（糸順）

〈左のくま〉
772→774→308
→784→785→465
→466→857

〈右のくま〉
325A→118→673
→823→774→308
→2129→466

アウトラインS（1本）714

サテンS（2本）714

凡例

ステッチ名（糸の本数）、
色番号（水色：COSMO、
　　　　　黒：OLYMPUS）

▼グラデーション用図案

▼原寸図案

┌─┐
│ 刺 し 方 ＜
└─┘

❶くまの全身にグラデーションを刺す。

❷チャコペンで葉脈を描き写し、しっ
　ぽと葉脈を刺す。

55

秋と読書とコーヒーと

ステッチ…アウトラインS ／サテンS ／ストレートS ／ロング＆ショートS ／フライS ／フレンチノットS ／バックS
材料…COSMO 380, 463, 464, 858 ／ DMC 367 ／ OLYMPUS 723, 731, 739 ／ A.F.E ウール糸414

ストレートS（1本）ウール糸414

フライS（1本）ウール糸414

アウトラインS（1本）731

ロング＆ショートS（1本）739

ロング＆ショートS（2本）858
細い部分はサテンS

ロング＆ショートS（1本）380

サテンS（2本）858

サテンS（1本）463

フレンチノットS
（2本、1回巻き）739

サテンS（1本）731

サテンS（1本）739

ストレートS（1本）739

サテンS（1本）367

バックS（1本）731

ロング＆ショートS
（1本）723、464、739

ストレートS
（2本、2回重ねて刺す）739

ロング＆ショートS（1本）463

凡例

ステッチ名（糸の本数）、
色番号（水色：COSMO、
　　　　ピンク：DMC、
　　　　黒：OLYMPUS、
　　　　緑：A.F.E）

刺し方

❶くまの腕・足を刺す。
　足は足の裏→全体→指の順に刺す。

❷本・ブランケットを刺す。
　ブランケットは3色をそれぞれ刺してから、
　線の模様を入れる。

❸くまを刺す。
　耳の中→鼻→鼻周り→全身→耳→目→爪の
　順に。

❹コーヒーカップを刺す。
　波紋は最後に刺す。

❺湯気を刺す。
　ウール糸は引っ張りすぎないようにふわり
　と刺す。

▼原寸図案

はらぺここぐま

ステッチ…フレンチノットS ／アウトラインS ／ストレートS ／芯入りサテンS ／サテンS ／ロング＆ショートS ／
レゼーデージーS＋ストレートS ／チェーンS ／ストレートS＋フライS

材料…COSMO 252, 364, 369, 464, 534, 572, 663, 731, 821 ／ DMC 167, 3865 ／ OLYMPUS 416, 616 ／ A.F.E ウール糸901

芯入りサテンS（2本）369

フレンチノットS
（1回巻き）ウール糸901

フレンチノットS
（2本、2回巻き）416

サテンS（2本）369

サテンS（2本）464

ストレートS（2本）364

アウトラインS（2本）369

ストレートS（1本）369

ロング＆ショートS（1本）464

凡例
ステッチ名（糸の本数）、
色番号（水色：COSMO、
　　　　ピンク：DMC、
　　　　黒：OLYMPUS、
　　　　緑：A.F.E）

▼フェルト土台用図案（原寸）

刺し方-1

❶テーブル部分に布を貼り、たて
　まつり縫いで縫い付けてから図
　案を写す。
　糸は布の色に合わせる。

❷スタイの前面（後ろの結び目は
　除く）にフェルトの土台を切り
　取ってしつけ縫いする。

❸スタイを刺す。
　前面（フェルトを覆うように刺
　す）→結び目→ストライプ模様
　の順に。

❹くまを刺す。
　耳の中→鼻→脇腹のライン→
　全身→目→爪→口の順に。

▼原寸図案

レゼーデージー S＋ストレートS（2本）464

ロング＆ショートS（1本）3865

サテンS（1本）3865

サテンS（1本）252

レゼーデージー S＋ストレートS（2本）534

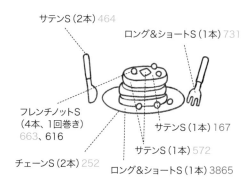

サテンS（2本）464

ロング＆ショートS（1本）731

フレンチノットS
（4本、1回巻き）
663、616

サテンS（1本）167

サテンS（1本）572

チェーンS（2本）252

ロング＆ショートS（1本）3865

フレンチノットS
（4本、2回巻き）663、616

アウトラインS
（2本）3865

ロング＆ショートS
（1本）3865

フレンチノットS
（2本、2回巻き）534

ストレートS＋フライS
（1本）534

ストレートS（1本）416

アウトラインS
（2本）3865

サテンS（1本）369

ロング＆ショートS
（1本）3865

サテンS（1本）821

ロング＆ショートS（1本）821

ハチ:羽　ストレートS（2本）731
ハチ:目、縞、触覚、針　ストレートS（1本）369

刺し方-2

❺テーブル上の小物を刺す。

・ポットとカップ…花と葉→面を埋め
　る→茎の順に。

・マット…ポットを刺してから刺す。

・パンケーキ…パンケーキ→皿の順に。

・ブルーベリーの皿…面を埋めてから
　模様を刺す。

・はちみつ…ビンの輪郭→ハチの体→
　ビンラベル→ハチの細部→スティッ
　ク→はちみつの順に。

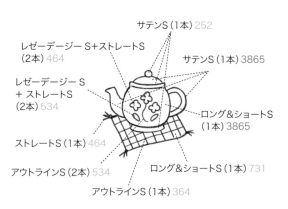

サテンS（1本）252

レゼーデージー S＋ストレートS
（2本）464

サテンS（1本）3865

レゼーデージー S
＋ ストレートS
（2本）534

ロング＆ショートS
（1本）3865

ストレートS（1本）464

ロング＆ショートS（1本）731

アウトラインS（2本）534

アウトラインS（1本）364

彩りの秋

ステッチ…ストレートS＋フライS ／アウトラインS ／サテンS ／ストレートS ／ロング＆ショートS ／フレンチノットS ／バックS ／
チェーンS ／レゼーデージー S ＋ストレートS
材料…COSMO 308, 365, 466, 858, 2129, 2186 ／ DMC 936, 840 ／ OLYMPUS 416, 723, 739

凡例
ステッチ名（糸の本数）、
色番号（水色：COSMO、
　　　　ピンク：DMC、
　　　　黒：OLYMPUS）

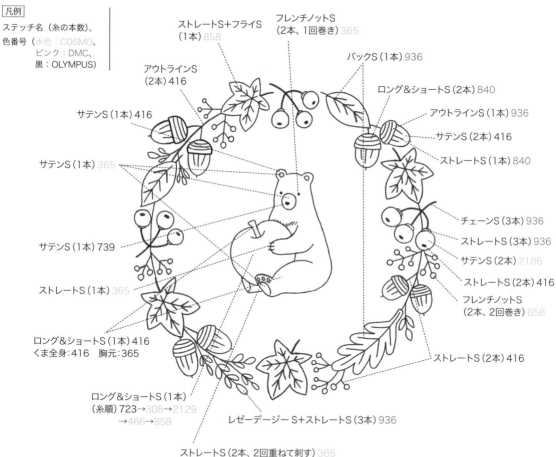

ストレートS＋フライS
（1本）858

フレンチノットS
（2本、1回巻き）365

アウトラインS
（2本）416

バックS（1本）936

ロング＆ショートS（2本）840

アウトラインS（1本）936

サテンS（2本）416

ストレートS（1本）840

サテンS（1本）416

サテンS（1本）365

チェーンS（3本）936

ストレートS（3本）936

サテンS（2本）2186

サテンS（1本）739

ストレートS（2本）416

フレンチノットS
（2本、2回巻き）858

ストレートS（1本）365

ロング＆ショートS（1本）416
くま全身：416　胸元：365

ストレートS（2本）416

ロング＆ショートS（1本）
（糸順）723→308→2129
　　　　→466→858

レゼーデージー S＋ストレートS（3本）936

ストレートS（2本、2回重ねて刺す）365

刺 し 方

❶葉っぱ部分のアップリケ布を貼り付け、た
てまつり縫いで縫い付ける。
糸は布の色に合わせる。

❷植物を刺す。

❸くまとりんごを刺す。
耳の中→鼻→鼻の周り→足の裏→左手足→
りんごのヘタ→りんごの実→くま全身→耳
→爪→目→足の指の順に。

▼アップリケ用図案（原寸）

▼グラデーション用図案

▼原寸図案

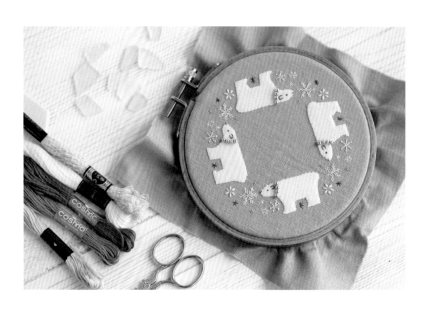

冬 Winter

クリスマステディベア

ステッチ…アウトラインS ／サテンS ／ストレートS ／フライS ／フレンチノットS ／チェーンS ／芯入りサテンS
材料…COSMO 858, にしきいと21 ／ DMC 839 ／ OLYMPUS 739, 1028 ／ A.F.E モール糸216, モール糸901

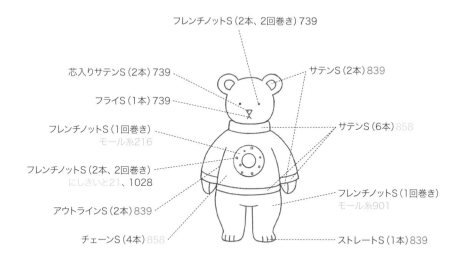

フレンチノットS（2本、2回巻き）739

芯入りサテンS（2本）739

サテンS（2本）839

フライS（1本）739

フレンチノットS（1回巻き）
モール糸216

サテンS（6本）858

フレンチノットS（2本、2回巻き）
にしきいと21、1028

アウトラインS（2本）839

フレンチノットS（1回巻き）
モール糸901

チェーンS（4本）858

ストレートS（1本）839

凡例
ステッチ名（糸の本数）、
色番号（水色：COSMO、
　　　　ピンク：DMC、
　　　　黒：OLYMPUS、
　　　　緑：A.F.E）

◤ 刺 し 方 ◟

❶セーターを刺す。
　脇腹のライン→襟・袖口・裾→全
　体(リースの下も)の順に。

❷チャコペンでリースの円を描き写
　し、リースを刺す。

❸くまを刺す。
　耳の中・手のひら→鼻→全身→目
　→口→爪の順に。

▼原寸図案

ホットチョコレート

ステッチ…アウトラインS ／サテンS ／ストレートS ／ロング＆ショートS ／ストレートS＋フライS ／フレンチノットS ／チェーンS
材料…COSMO 306, 383, 466 ／ DMC 838, 3865, エトワールblanc

ロング＆ショートS（1本）306、383

フレンチノットS
（1本、1回巻き）838

サテンS（1本）3865

サテンS（1本）838

サテンS（1本）466、3865

サテンS（1本）466

ストレートS（1本）838

ロング＆ショートS
（1本）3865

ロング＆ショートS
（1本）466

サテンS（1本）838
細い所：アウトラインS

チェーンS（2本）383

ストレートS＋フライS（2本）
エトワールblanc

ロング＆ショートS（2本）838

凡例
ステッチ名（糸の本数）、
色番号（水色：COSMO、
ピンク：DMC）

▼アップリケ用図案（原寸）

▼原寸図案

刺し方

❶アップリケ布を貼り付けて、たてまつり縫
いで縫い付ける。
糸は布の色に合わせる。
縫い付けた後に図案を写す。

❷カップの模様を刺す。

❸くまの腕を刺す。
フェルトの土台をしつけ縫いしてから、覆
うようにステッチを入れる。

❹くまを刺す。
耳の中→鼻→耳→全身→目→口→爪の順に。

❺カップの中身を刺す。
星→スティック→クリーム→ホットチョコ
の順に。

雪明りと玉雪のしろくま

ステッチ…アウトラインS ／ストレートS ／ロング＆ショートS ／ストレートS＋フライS ／フレンチノットS ／芯入りサテンS
材料…COSMO 212、214、215、218、524、526、662、730、2214 ／ OLYMPUS 334
樹脂ケシパール3mm（スノーホワイト）

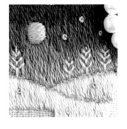

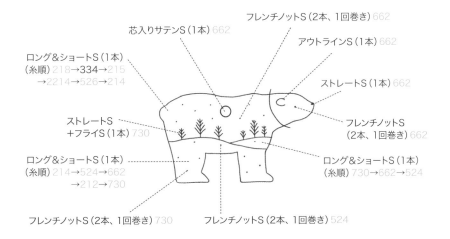

芯入りサテンS（1本）662

フレンチノットS（2本、1回巻き）662

ロング＆ショートS（1本）
（糸順）218→334→215
　　　→2214→526→214

アウトラインS（1本）662

ストレートS（1本）662

ストレートS
＋フライS（1本）730

フレンチノットS
（2本、1回巻き）662

ロング＆ショートS（1本）
（糸順）214→524→662
　　　→212→730

ロング＆ショートS（1本）
（糸順）730→662→524

フレンチノットS（2本、1回巻き）730

フレンチノットS（2本、1回巻き）524

> 刺し方 <

❶月を刺す。

❷くまの全身を刺す。
　雪の積もっている部分の手前側→奥
　側→夜空の順に。

❸チャコペンで木と雪を描き写し刺す。

❹パールを白手縫い糸で一粒ずつ返し
　刺しする。

❺チャコペンでくまの顔パーツを描き
　写し刺す。

▼グラデーション用図案

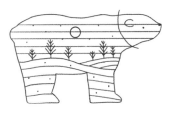

▼原寸図案

あたたかくしてね

ステッチ…アウトラインS ／ランニングS ／サテンS ／芯入りサテンS ／ストレートS ／ロング＆ショートS ／フレンチノットS ／巻きつけバックS
材料…COSMO 772, 2500 ／ DMC 3722 ／ OLYMPUS 354, 356 ／ A.F.E ウール糸414

アウトラインS
(1本) 772

フレンチノットS
(1回巻き) ウール糸414

巻きつけバックS
…バックS (3本) 3722
…巻きつけ糸 (2本) 356

サテンS (1本) 356

サテンS (1本) 2500

ストレートS (1本) 356

フレンチノットS
(1本、1回巻き) 356

ロング&ショートS
(1本) 2500

芯入りサテンS
(2本) 2500

ストレートS (2本) 354

ロング&ショートS
(2本) 356

サテンS (2本) 354

ランニングS (2本) 354

ストレートS (2本) 356

ロング&ショートS (2本) 3722

フレンチノットS
(2本、2回巻き) 2500

サテンS (2本) 356

凡例
ステッチ名（糸の本数）、
色番号（水色：COSMO、
　　　　ピンク：DMC、
　　　　黒：OLYMPUS、
　　　　緑：A.F.E)

▼原寸図案

┌─ 刺 し 方 ─◁

❶手袋を刺す。
　袖口・指先→ひし形模様→赤色の
　面埋め→模様→親指の順に。
　模様は赤い面を埋めてからチャコ
　ペンで書き写す。

❷紐を刺す。

❸しろくまを刺す。
　耳の中→鼻→手→顔→耳→目→鼻
　の下→爪の順に。

❹文字と雪を刺す。

73

雪としろくま

ステッチ…アウトラインS／ストレートS／ストレートS＋フライS／フレンチノットS／レゼーデージー S＋ストレートS
材料…COSMO 500, 522, 735, にしきいと21／DMC エトワールblanc
　　メタリックパール3mm（ゴールド）

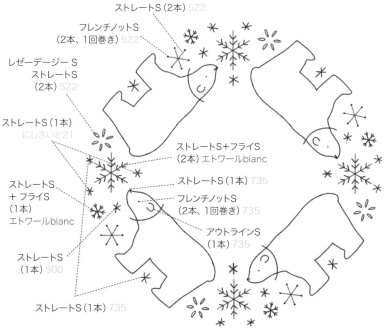

ストレートS（2本）522

フレンチノットS
（2本、1回巻き）522

レゼーデージー S
ストレートS
（2本）522

ストレートS（1本）
にしきいと21

ストレートS
＋ フライS
（1本）
エトワールblanc

ストレートS
（1本）500

ストレートS（1本）735

ストレートS＋フライS
（2本）エトワールblanc

ストレートS（1本）735

フレンチノットS
（2本、1回巻き）735

アウトラインS
（1本）735

凡例
ステッチ名（糸の本数）、
色番号（水色：COSMO、
　　　　ピンク：DMC）

▼アップリケ用図案（原寸）

▼原寸図案

▷ 刺 し 方 ◁

❶アップリケ布（今回は毛
並みを表現するためにフ
リースを使用）を貼り付
けて、たてまつり縫いで
縫い付ける。
糸の色は布に合わせる。

❷雪の模様を刺す。

❸パールを手縫い糸で一粒
ずつ返し刺しする。

❹チャコペンでしろくまの
顔パーツを描き写し刺す。

冬ごもり

ステッチ…アウトラインS ／サテンS ／ストレートS ／ロング＆ショートS ／フレンチノットS ／チェーンS ／レゼーデージー S ／ランニングS ／芯入りサテンS
材料…COSMO 151, 152A, 168, 367, 462, 465, 732, 858, 982 ／ OLYMPUS 204, 318, 739, 815 ／ A.F.E モール糸216, ウール糸917

フレンチノットS
（2本、3回巻き）739

ストレートS（1本）367

チェーンS（1本）ウール糸917

サテンS（1本）168

アウトラインS（1本）858

サテンS（1本）858

レゼーデージー S（2本）204

アウトラインS
（4本）858

フレンチノットS
（2本、1回巻き）858

フレンチノットS（1回巻き）
モール糸216

アウトラインS（2本）739

フレンチノットS
（3本、2回巻き）858、367

サテンS（2本）739

ロング＆ショートS（2本）982

ロング＆ショートS（1本）462

サテンS（2本）151

ロング＆ショートS（1本）732

ランニングS（2本）739
一番下だけ2回重ねて刺す

ロング＆ショートS（1本）465

ロング＆ショートS（1本）151

アウトラインS（1本）318

ロング＆ショートS（1本）152A

レゼーデージー S（1本）318

芯入りサテンS（2本）815

ロング＆ショートS（1本）318

ロング＆ショートS（1本）815

フレンチノットS（2本、1回巻き）462

アウトラインS（1本）318

ストレートS（1本）151

ストレートS（1本）318

サテンS（1本）318

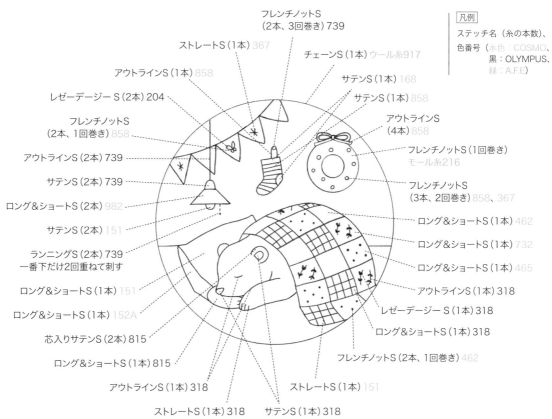

▼アップリケ用図案（原寸）

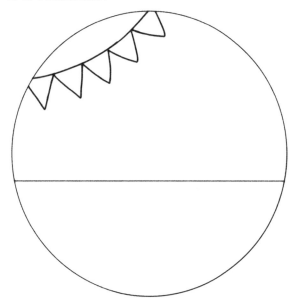

▼原寸図案

刺し方

❶アップリケ布を貼り、図案を写す。
　ガーランドのアップリケはたてま
　つり縫いで縫い付ける。
　糸の色は布に合わせる。

❷ガーランドの模様、小物を刺す。

❸ブランケットを刺す。
　面を埋めてから模様を刺します。

❹くまを刺す。
　耳の中→鼻→耳→全身→ライン→
　目→爪の順に。

❺まくらを刺す。

❻円の周りをぐるりと一周刺して縁
　取りする。

<カバー作品> **窓辺**

ステッチ…アウトラインS ／サテンS ／ストレートS ／ロング＆ショートS ／フレンチノットS ／チェーンS ／レゼーデージー S ／
レゼーデージー S＋ストレートS ／バスケットフィリング／バックS
材料…COSMO 127, 500, 524, 735 ／ DMC 676 ／ OLYMPUS 795 ／ A.F.E ウール糸414

▼原寸図案

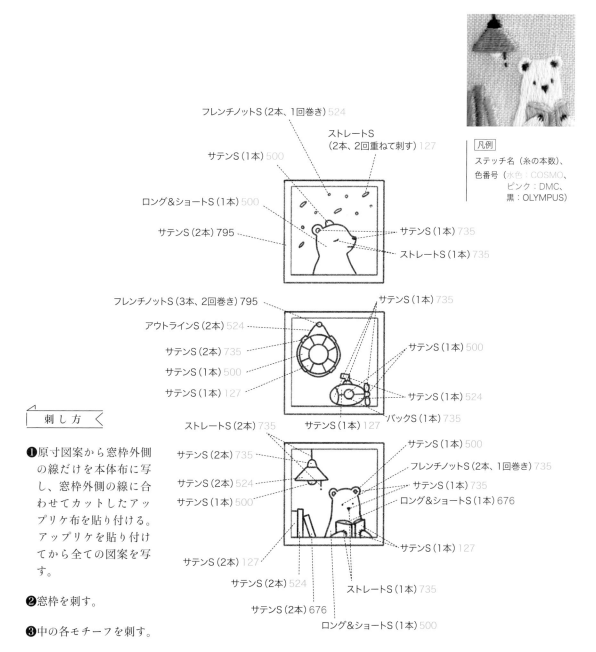

フレンチノットS（2本、1回巻き）524

ストレートS
（2本、2回重ねて刺す）127

サテンS（1本）500

ロング＆ショートS（1本）500

サテンS（2本）795

サテンS（1本）735

ストレートS（1本）735

凡例
ステッチ名（糸の本数）、
色番号（水色：COSMO、
　　　　　ピンク：DMC、
　　　　　黒：OLYMPUS）

フレンチノットS（3本、2回巻き）795

サテンS（1本）735

アウトラインS（2本）524

サテンS（2本）735

サテンS（1本）500

サテンS（1本）127

サテンS（1本）500

サテンS（1本）524

バックS（1本）735

サテンS（1本）127

刺し方

ストレートS（2本）735

サテンS（1本）500

サテンS（2本）735

フレンチノットS（2本、1回巻き）735

サテンS（2本）524

サテンS（1本）735

サテンS（1本）500

ロング＆ショートS（1本）676

サテンS（1本）127

❶原寸図案から窓枠外側の線だけを本体布に写し、窓枠外側の線に合わせてカットしたアップリケ布を貼り付ける。アップリケを貼り付けてから全ての図案を写す。

サテンS（2本）127

❷窓枠を刺す。

サテンS（2本）524

ストレートS（1本）735

❸中の各モチーフを刺す。

サテンS（2本）676

ロング＆ショートS（1本）500

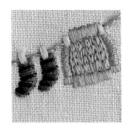

凡例

ステッチ名（糸の本数）、
色番号（水色：COSMO、
　　　　ピンク：DMC、
　　　　黒：OLYMPUS）

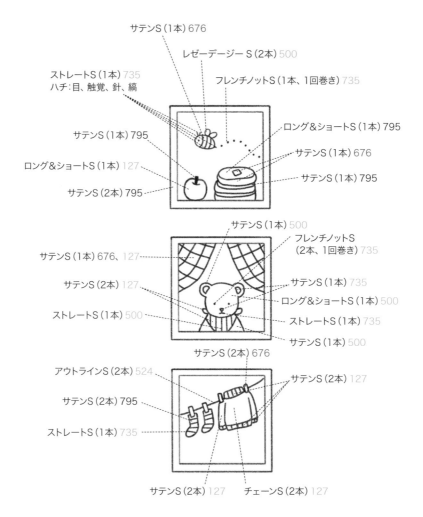

サテンS（1本）676

レゼーデージー S（2本）500

ストレートS（1本）735
ハチ：目、触覚、針、縞

フレンチノットS（1本、1回巻き）735

サテンS（1本）795

ロング＆ショートS（1本）795

サテンS（1本）676

ロング＆ショートS（1本）127

サテンS（1本）795

サテンS（2本）795

サテンS（1本）500

フレンチノットS
（2本、1回巻き）735

サテンS（1本）676、127

サテンS（2本）127

サテンS（1本）735

ロング＆ショートS（1本）500

ストレートS（1本）500

ストレートS（1本）735

サテンS（1本）500

サテンS（2本）676

アウトラインS（2本）524

サテンS（2本）127

サテンS（2本）795

ストレートS（1本）735

サテンS（2本）127

チェーンS（2本）127

凡例
ステッチ名（糸の本数）、
色番号（水色：COSMO、
　　　　ピンク：DMC、
　　　　黒：OLYMPUS、
　　　　緑：A.F.E）

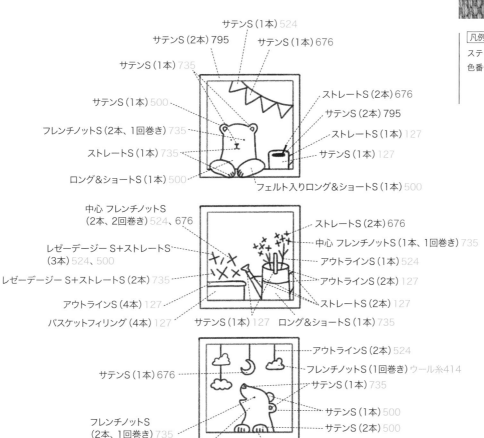

サテンS（1本）524
サテンS（2本）795
サテンS（1本）676
サテンS（1本）735
サテンS（1本）500
フレンチノットS（2本、1回巻き）735
ストレートS（1本）735
ロング&ショートS（1本）500

ストレートS（2本）676
サテンS（2本）795
ストレートS（1本）127
サテンS（1本）127
フェルト入りロング&ショートS（1本）500

中心 フレンチノットS
（2本、2回巻き）524、676
レゼーデージー S+ストレートS
（3本）524、500
レゼーデージー S+ストレートS（2本）735
アウトラインS（4本）127
バスケットフィリング（4本）127
サテンS（1本）127　　ロング&ショートS（1本）735

ストレートS（2本）676
中心 フレンチノットS（1本、1回巻き）735
アウトラインS（1本）524
アウトラインS（2本）127
ストレートS（2本）127

アウトラインS（2本）524
フレンチノットS（1回巻き）ウール糸414
サテンS（1本）735
サテンS（1本）500
サテンS（2本）500

サテンS（1本）676
フレンチノットS
（2本、1回巻き）735
ロング&ショートS（1本）500　　ストレートS（1本）735

刺しゅうの基本
Basics of embroidery

基本のステッチ

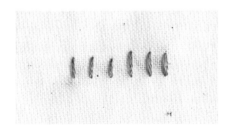

ストレートステッチ

1から針を出して2に入れます。

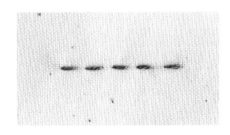

ランニングステッチ

1から針を出し2に入れます。
3から出し4に入れる…と繰り返し、ステッチの長さが均等になるように刺し進めます。

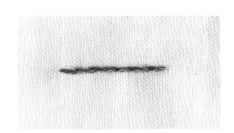

アウトラインステッチ

1から針を出して2に入れ、半目戻った3から出します。
2から半目先の4に入れ、5（2と同じ穴）から出します。これを繰り返します。

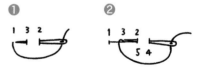

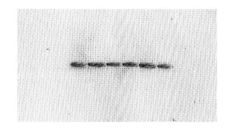

バックステッチ

1から針を出し2に入れ、3から出します。
4（1と同じ穴）に入れ、5から出します。これを
繰り返します。

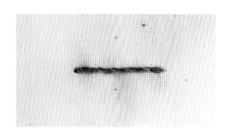

巻きつけバックステッチ

バックステッチを刺し、別の糸を1（最初のステッチの中央下）から出します。
2（二つ目のステッチの真上）からステッチの下をくぐって3から出し、
同じように4からステッチの下をくぐって糸を巻き付けていきます。

チェーンステッチ

1から針を出し2（1と同じ穴）に入れ、3から針先を出して糸をかけます。
針をひっぱり輪を作り、4（3と同じ穴）に針を入れ5から針先を出し、同じように繰り返します。

フライステッチ

1から針を出して2に入れて、3から針先を出して
糸を引っかけます。
3の下の4に入れて、Y字のような形を作ります。
ストレートステッチと合わせて、植物や雪の結晶
を表現する時にも使えます。

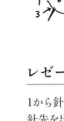

レゼーデージーステッチ

1から針を出して2（1と同じ穴）に入れ、3から
針先を出して糸を引っかけます。
針を引き輪を作り、4（輪の真上）に入れて輪を
固定します。

レゼーデージーステッチ
＋ ストレートステッチ

レゼーデージーステッチの上にストレートステッ
チをかぶせます。
植物を刺す時などに、ふっくらした立体感を表
現できます。

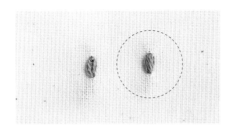

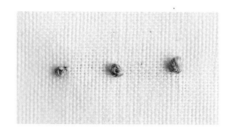

フレンチノットステッチ

1から針を出し、針に糸を巻き付けてから2（1の真横）に針を入れ、糸を引き締め形を整えてから、優しく引き抜きます。

サテンステッチ

1から針を出し、2に入れます。
これを隙間がないように繰り返し、面を埋めます。
真ん中から端に向かって刺し進めるとバランスがとりやすいです。

芯入りサテンステッチ

サテンステッチを刺し始める前に、ストレートステッチを何本か刺して芯を作ります。その上にサテンステッチをかぶせると、ふっくらとしたステッチを表現できます。
フレンチノットステッチを芯にして上にサテンステッチをかぶせると、小さな鼻を刺す時などに立体感を出せます。

ロング＆ショートステッチ

ランダムな長短のステッチを繰り返し、面を埋めるステッチです。

二段目は一段目の糸と糸の間から針を出します。

ステッチの長さを揃えすぎず、隙間を埋めるようにランダムに刺すとなめらかな表面になります。

❶

❷

バスケットフィリング

1から針を出し2に入れ、3から出して4に入れるを繰り返します。

糸がねじれず、平行になるようにします。

横糸も縦糸と同じように1から出して2に入れますが、縦糸を一本おきにくぐらせるように糸を渡します。

❶

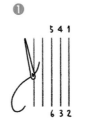

❷

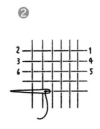

図案の写し方

① 図案をクリアファイルで挟み、その上に図案写し用のトレーシングペーパーを載せてマスキングテープでとめます。

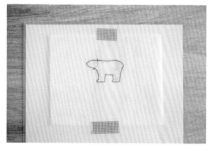

② チャコペンでなぞります。

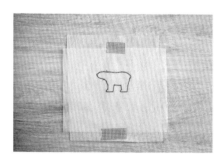

③ トレーシングペーパーをクリアファイルから外し、布に貼ります。
②でなぞった線の上をもう一度チャコペンでなぞります。

④ 図案が写りました。

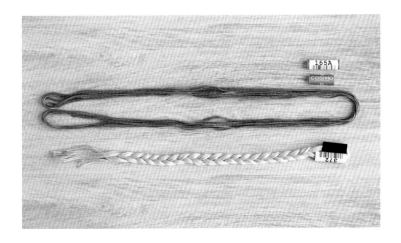

糸の扱い方

刺しゅう糸は三つ編みにして保管しておくと使い勝手が良いです。

① 束になっている刺しゅう糸のタグを外し、1本に伸ばします。

② それを半分に折り、さらに半分に折り、さらに三等分に折ります。

③ 輪になっている部分を切ると1本が60cm程になるので、タグを通して半分に折り、三つ編みにします。

使う時は輪になっているほうから1本ずつ引き抜きます。

刺し始め・刺し終わり

糸の端を玉結びして刺し始めます。
面を埋める刺しゅうの時は面の内側に一針刺し、玉結びが隠れるようにしてから刺し始めます。
刺し終わったら裏側に糸を出し、裏糸に2、3回絡めて糸を切り離します。

きれいに仕上げるコツ

面を埋める刺しゅうを
きれいに仕上げたいとき

面を埋める前に、図案の輪郭にアウトラインス
テッチやバックステッチを刺しておき、それを
おおうように刺しゅうすると輪郭がきれいに
仕上がります。

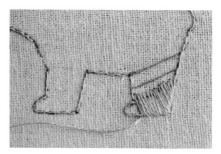

グラデーションをきれいに刺したいとき

色と色の間は色を混ぜるようなイメージで、糸
を長短ランダムに刺すと、
異なる色同士がなじみやすいです。

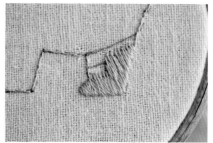

特別な技法

アップリケ刺しゅう

① アップリケに使う生地の裏側に両面接着芯
を貼ります。
剥離紙とあて布をあてて、アイロンをかけ
ます。

② 生地の表に図案を写し、ハサミで切り取り
ます。

③ 切り取った生地を貼りたい場所にのせ、あ
て布をあててアイロンで貼り付けます。

④ たてまつり縫いで周りをぐるりと縫い付け
ます。

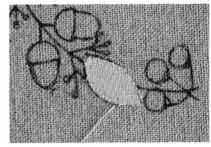

土台を入れた立体的な刺しゅう

他の部分より立体的に仕上げたい時、フェルト
の土台を入れて刺しゅうをします。

① フェルトに図案を写して切り取り、生地に
しつけ縫いします。

② フェルト全体を覆うように、ロング＆ショ
ートステッチなどで面を埋めます。
フェルトが飛び出さないように、押し込み
ながら刺します。

アレンジ
Arrenges

ブローチ

材料 ハード接着芯、フェルト(2mm厚)、手芸用ボンド、ブローチピン

❶ 刺しゅうから5mm程余白をあけて布を
カットし、3〜5mm間隔で刺しゅうの
凹凸に合わせながら切り込みを入れる。

❷ 切り込みの間からチャコペンを入れ、ハ
ード接着芯(のりがついている面)に刺
しゅうの形を写す。

❸ 接着芯を刺しゅうからはみ出さないよう
に一回り小さく切り取り、刺しゅう裏面
にアイロンで圧着する。

④ 切り込みを入れた余白部分に手芸用ボンドを塗り、裏側に折り込む。
表から見てはみ出さないように、細かい部分は目打ちや爪楊枝を使って押し込む。

⑤ ボンドが乾いたら、フェルトに刺しゅうの形を描き写す。

⑥ 描き写した線から余白を残して大まかにカットし、裏にブローチピンを縫い付ける。

⑦ 刺しゅう裏面にたっぷりと手芸用ボンドを塗り、線に合わせてフェルトとくっつける。

⑧ ボンドが乾いたら余分なフェルトをカットし、刺しゅうとフェルトの間に隙間があったらボンドを入れてもう一度くっつける。
隙間なく完全にくっついていたらフェルトのカット面にほつれ止め液を塗って強度を上げる。

⑨ 完成。

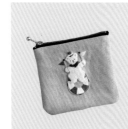

ポーチ

材料 表・裏生地（13cm×15cm）それぞれ2枚、12cmファスナー、接着芯（13cm×15cm）2枚

❶ 表地・裏地ともにたて13cm、よこ15cmにカットする（縫い代1cm含む）。
表地には接着芯を貼る。

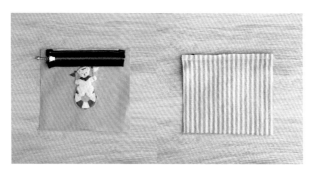

❷ 表地とファスナーを中表に合わせ、仮縫いする。

❸ 裏地も中表に合わせ、縫い代1cmで縫う。

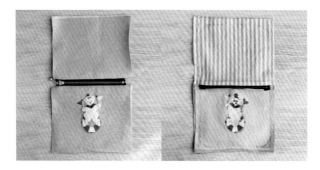

❹ 表に返して、反対側も同じように縫い合わせる。

❺ 表同士、裏同士を中表に合わせ、返し口を残してぐるりと一周縫う（縫い代1cm）。カーブを入れる時は角から1cm程の位置に入れる。

⑥ 角を切り落として返し口から返し、返し
口を縫い閉じる。

⑦ 形を整えて完成。

巾着

材料 表生地（15cm×18cm）、裏生地（18cm×18cm）、切り替え生地（5cm×18cm）をそれぞれ2枚、接着芯（15cm×18cm）2枚、ひも（サテンリボン）52cm×2本、ほつれ止め液

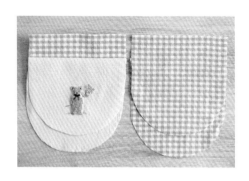

❶ 表地はたて15cm、よこ18cmに、裏地はたて18cm、よこ18cmに、切り替え生地はたて5cm、よこ18cmにカットする（縫い代1cm含む）。
カーブ部分は直径18cmの円を描く。
表地は接着芯を貼る。表地と切り替え生地を中表に合わせて、上部を縫い、縫い代をひらいておく。

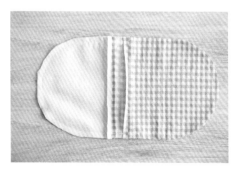

❷ 表地と裏地を中表に合わせて上部を縫い、1枚につながった状態にする。
それを表と表、裏と裏にそれぞれ中表に合わせ、紐通し口（切り替えから1.5cm下）と返し口をあけてぐるりと一周縫う。

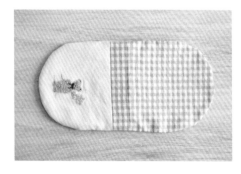

❸ カーブの縫い代に切り込みを入れ、返し口から表に返して返し口を縫い閉じる。

❹ 裏地を表地の中に入れ、アイロンで形を整えてから、切り替えから1.5cm下にチャコペンで印をつける。

❺ 切り替えと印の上を、それぞれぐるりと一周縫う。紐通し口から紐（52cm）を2本通す。

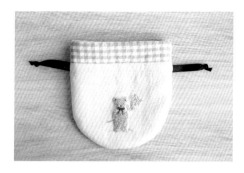

❻ 紐を結び、先端にほつれ止め液を塗って完成。

かべかざり

材料 画用紙、手縫い糸、フェルト、枠

❶ 画用紙に枠の内側の線を写し、はさみで切り取る。

❷ 刺しゅうをした布を、バランスを確認しながら枠にはめ、周りの布を枠から2cmほど残してカットする。

❸ 先ほど切った画用紙を刺しゅうの裏にはめ、周りの布をぐし縫いする。

❹ 糸をぐっと引き締め、さらに布がたるまないように糸を渡しながら縫って、玉止めをする。

⑤ さらに裏の強度が気になる場合は、フェルトを縫い付けるのもおすすめ。
内枠を一度そっと外し、フェルトを内枠サイズにカットして縫い付けてから、そっと枠にはめ直す。

⑥ 完成。

orso ricamato（オルソ リカマート）

刺しゅう作家。愛知県在住。
育児中に家で出来る趣味を探し、刺しゅうと出会う。
大好きなくまや動物をモチーフに、色づかいにこだわった繊
細で温かみのある刺しゅうを制作している。
現在はオンラインショップやイベント、企画展での販売を中心
に活動中。
作家名のオルソ リカマートはくまの刺しゅうという意味。
https://www.instagram.com/orso_ricamato90/

四季を楽しむ
可愛いくまの刺しゅう

2024年2月15日　第一刷発行

著者　オルソ リカマート（orso ricamato）

撮影　オルソ リカマート（orso ricamato）
図案　オルソ リカマート（orso ricamato）
ブックデザイン　清水佳子
DTP　高八重子
編集　福永恵子（産業編集センター）

発 行　株式会社産業編集センター
　　　　〒112-0011 東京都文京区千石4-39-17

印刷・製本　株式会社シナノパブリッシングプレス